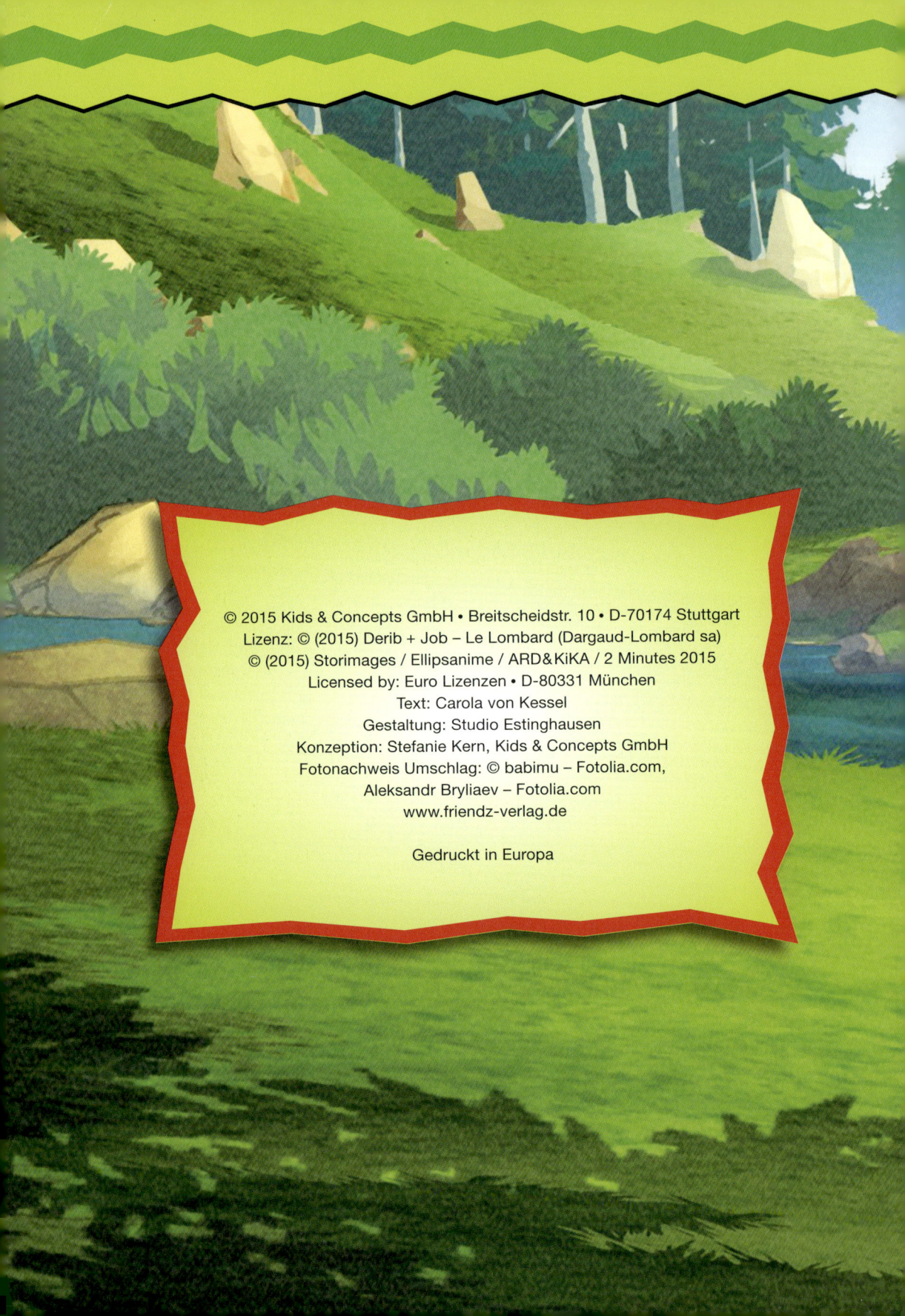

YAKARI

NEUE ABENTEUER ZUM LESENLERNEN

Mein großes BILDER-Lesebuch

INHALT

FRÜHJAHRSPUTZ BEI FLUGHÖRNCHEN

Im  herrscht reges Treiben.

Die  scheint und die

räumen ihre auf.

Auch  hilft beim Frühjahrsputz.

„Bitte wasch die  ab!",

sagt seine Mutter .

„Und nimm auch die  mit zum  !"

stapelt die und

auf einen .

Sein Pony

zieht den zum .

Dort macht sich an die Arbeit.

Zuerst säubert er

die mit .

Dann legt

die ☐☐ zurecht.

Er schabt sie mit einem ◇ ab.

„Bald bin ich fertig!",

sagt er zu 🐴.

Doch als  sich umdreht,

traut er seinen  kaum:

Hinter seinem

sind fast alle  verschwunden!

„Vielleicht hat

die weggenommen", überlegt .

„Er sammelt doch alles Mögliche!"

11

Doch  hat andere Sorgen.

„Meine Frau will alle

vom letzten Herbst wegwerfen",

jammert .

„Bitte rede mit ihr, !"

 antwortet: „Zuerst muss ich

meine  finden.

Weißt du, wo sie sind?"

 schüttelt den .

Gemeinsam gehen ,

und  auf die Suche.

Bald finden sie die .

Sie liegen zerbrochen

unter dem  der !

„Sieh nur!", sagt  zu .

„Hier ist ja auch dein ."

 kommt aus ihrem .

„Hallo  !", ruft sie.

„Ich mache gerade Frühjahrsputz.

Aber schleppt ständig

irgendwelche Sachen an.

Deshalb habe ich alle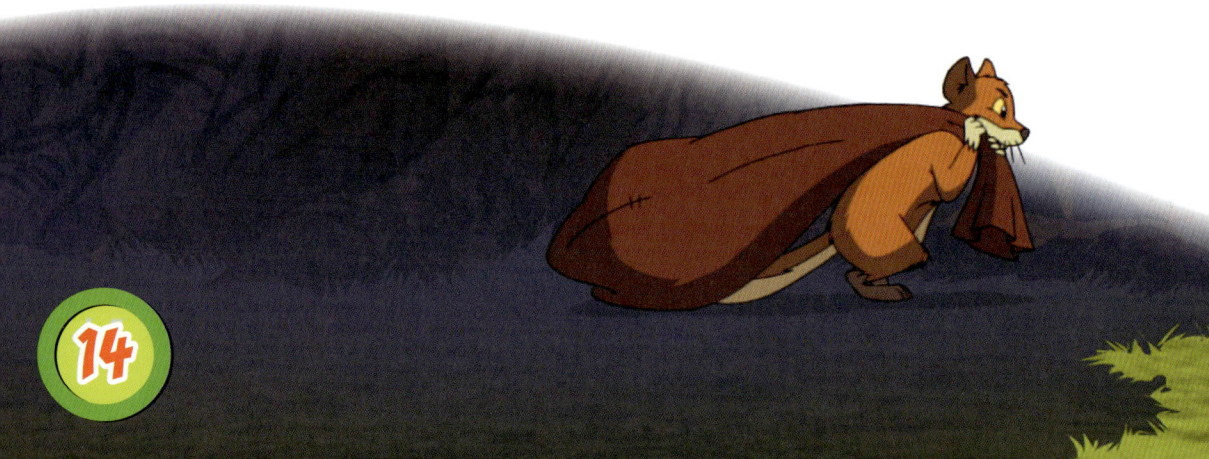

vom geworfen."

 ruft: „Aber das waren meine !"

„Ich habe sie nicht zum  gebracht",

beteuert . „Ehrlich!"

Doch  ruft:

„Ich glaube dir kein Wort!

Geh und suche dir ein anderes !"

 nimmt traurig

seinen voller und geht.

„Ich verstehe das nicht", sagt .

„Wenn es nicht  war –

wer hat dann meine

zum  der  gebracht?"

 blickt sich um und entdeckt Spuren.

„Hier ist der Dieb auf den  geklettert!

Und dort wieder hinunter!

Er hat scharfe !"

An einem anderen

findet  die gleichen Spuren.

Er klettert hinauf und trifft einen  .

„Hast du meine Sachen

weggenommen?", fragt  .

Der   nickt.

„Ich habe sie zum

der   gebracht."

 und der  klettern vom .

Unten erklärt der :

„ hat im Herbst zu viele  gesammelt.

Niemandem gab er etwas ab.

Deshalb wollte ich

eine Lektion erteilen.

Ich dachte, du schimpfst mit ,

wenn du die  bei ihm findest."

18

Plötzlich ruft : „Hier brennt ein !"

Ein Sonnenstrahl ist auf

den  gefallen

und die Zweige haben  gefangen.

„Seht nur!", schreit .

„ sitzt in dem !"

„Flieg schnell herunter!", ruft .

Aber  antwortet: „Ich kann doch nur

von  zu  gleiten!

Und alle  brennen!"

Er klettert immer höher.

Doch das  kommt näher und näher.

 lässt den  fallen.

„Ich helfe dir!", ruft der .

Er klettert auf den 🌳.

Mit langen Sprüngen weicht er dem 🔥 aus.

Der 🐺 trägt 🐿 vom 🌳!

„Das war knapp!", sagt 🧒 erleichtert.

„Vielen Dank, 🐺!"

 gesteht zu :

„Ich hatte solche Angst um dich!

Bitte komm wieder in unser !"

 freut sich sehr.

„Komm, !", sagt .

„Wir müssen auch nach Hause."

Im  wartet schon  .

 erzählt ihr alles.

Da lächelt .

„Wie schön, dass bei den

wieder Frieden eingekehrt ist!

Ein paar kaputte

sind nicht so schlimm."

GLOSSAR
FRÜHJAHRSPUTZ BEI FLUGHÖRNCHEN

 = Indianerdorf

 = Felle

 = Sonne

 = Fluss

 = Indianer

 = Karren

 = Tipis

 = Kleiner Donner

 = Yakari

 = Wasser

 = Schüsseln

 = Quarzstein

 = Schimmernde Zöpfe

 = Augen

 = Rücken

 = Beutel

 = Herr Flughörnchen

 = Krallen

 = Nüsse

 = Graufuchs

 = Kopf

 = Feuer

 = Baum

 = Ast

 = Flughörnchen

 = Äste

 = Frau Flughörnchen

 = Nest

25

LESERÄTSEL
FRÜHJAHRSPUTZ BEI FLUGHÖRNCHEN

Super, du hast es geschafft und die ganze Geschichte gelesen. Herzlichen Glückwunsch! Dann fällt es dir jetzt sicher ganz leicht, die folgenden Fragen zu der Geschichte Frühjahrsputz bei Flughörnchen zu beantworten, oder? Kreuze die richtigen Antworten an und trage die Buchstaben in die Kästchen auf Seite 27 ein. Dann erfährst du das Lösungswort.

1. Wer zieht den Karren zum Fluss?

D   Yakari

F   Kleiner Donner

2. Womit schabt Yakari die Felle ab?

E   Mit einem Messer

R   Mit einem Quarzstein

3. Wer nimmt die Schüsseln weg?

☐ **H**   Der Graufuchs

☐ **L**   Herr Flughörnchen

4. Was hat Herr Flughörnchen in seinem Beutel?

☐ **G**   Geschirr

☐ **J**   Nüsse

5. Wodurch fängt der Baum Feuer?

☐ **A**   Durch den Quarzstein

☐ **U**   Durch eine Scherbe

6. Wer rettet Herrn Flughörnchen?

☐ **H**   Der Graufuchs

☐ **K**   Yakari

Lösungswort: | F | R | Ü | H | J | A | H | R |

Ob deine Lösung richtig ist, kannst du auf Seite 93 nachsehen.

DER SCHATTEN DES RIESEN

 kniet auf einer Lichtung im .

Sie blickt einem in die 👀.

Der bleibt ganz ruhig.

Doch  hat Angst

um seine Freundin.

Er jagt den davon.

„Was soll das?"  ist sauer.

„Der  hat mir nichts getan!

Ich kann selbst auf mich aufpassen!"

Sie schwingt sich auf

und reitet davon.

 will ihr mit folgen.

Aber galoppiert ohne los!

 setzt sich auf einen  .

„Was ist denn nur

mit meinen Freunden los?", überlegt  .

Da erscheint sein Schutzgeist  .

„Du solltest deiner Freundin

mit mehr Respekt begegnen", sagt  .

„Sie muss einfach

ihre eigenen Erfahrungen sammeln.

Das weiß auch .

Darum wollte er nicht, dass du  folgst."

Nachdenklich kehrt

ins  zurück.

Er möchte sich bei  entschuldigen.

Doch wo bleibt sie nur?

Zur gleichen Zeit machen

und  eine Pause.

Sie sind mit

bis in die  gelaufen.

 sitzt an einem  .

Plötzlich fällt ein großer  auf sie.

„Hallo?", ruft  . „Ist da jemand?"

Niemand antwortet.

Der  verschwindet zwischen den  .

„Wäre ich nur nicht so allein!", denkt  .

Da taucht ein  auf.

„Du bist nicht allein!", sagt der  .

„Ich bin dein Schutzgeist Nanaboso.

Ich passe immer auf dich auf,  !

Genau wie der des Riesen."

Im  macht sich  große Sorgen.

Die  geht schon unter,

als er sich auf   schwingt.

Er folgt den

von  und .

Bald erreicht  den ,

auf dem die Freunde auch waren.

Doch ,

und 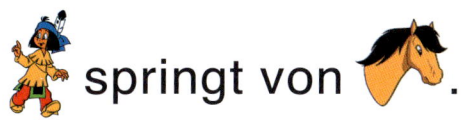 sind verschwunden!

 springt von .

Auf dem Boden entdeckt er

die  eines .

„Hoffentlich ist  und den

nichts passiert!", sagt .

„Wir müssen sie finden!"

Der ist bereits aufgegangen.

Immer wieder ruft

die Namen seiner Freunde.

Endlich kommen

und  angelaufen.

„Da seid ihr ja!", freut sich  .

„Aber wo ist  ?"

„Ein seltsames Wesen hat sie entführt",

beantwortet  die Frage von  .

„Es sah aus wie ein riesengroßer  ."

Mutig folgt  den  des 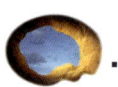 .

Sie enden an einem hohen  .

Dort entdeckt eine kleine  .

„?", ruft  hinein.

Sie streckt ihren  aus der  .

„Hallo!", antwortet  .

„Ich muss dir ganz viel erzählen!"

In diesem Augenblick

ertönt ein lautes Brüllen.

Hinter  steht der !

Er zeigt seine spitzen

und springt auf zu.

Da spürt  einen starken ,

der ihn auf den hebt.

Auf dem   erkennt  den Retter.

Es ist der Indianer .

„Vielen Dank!", sagt  erleichtert.

 springt vom .

Mit einem lauten Fauchen

vertreibt er den .

Nun kann  endlich erzählen:

„Der 🐻 hat mich angegriffen!

Aber 👤 hat mich gerettet

und in die ⭕ gebracht."

„Jetzt verstehe ich alles", meint 🧍.

🐴 dachte, da wäre ein 🐻!

Aber es war 👤."

Am nächsten Morgen kehren die Freunde

ins  zurück.

„Ich bin so froh, dass alles

gut ausgegangen ist", sagt  zu .

„Jetzt weiß ich,

dass du alleine zurechtkommst."

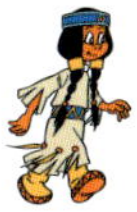 berichtet 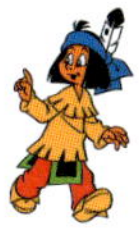 von ihrem Schutzgeist:

„Er ist ein 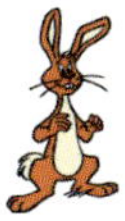 und heißt Nanaboso.

Er schickte mir den  des Riesen.

Damit meinte er 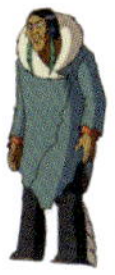,

der mich beschützt hat."

„Wie schön!", ruft 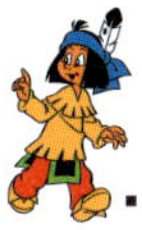.

„Nanaboso passt immer auf dich auf –

so wie 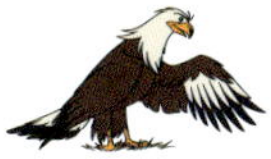 auf mich!"

GLOSSAR
DER SCHATTEN DES RIESEN

 = Regenbogen

 = Felsen

 = Wald

 = Großer Adler

 = Puma

 = Indianerdorf

 = Augen

 = Berge

 = Yakari

 = Ponys

 = Großer Grauer

 = Schatten

 = Kleiner Donner

 = Hase

= Sonne

 = Berg

 = Blitz

 = Höhle

 = Hufspuren

 = Kopf

 = Spuren

 = Zähne

 = Vielfraß

 = Arm

 = Mond

 = Großer Bogen

 = Bär

LESERÄTSEL
DER SCHATTEN DES RIESEN

Super, du hast es geschafft und die ganze Geschichte gelesen. Herzlichen Glückwunsch! Dann fällt es dir jetzt sicher ganz leicht, die folgenden Fragen zu der Geschichte Der Schatten des Riesen zu beantworten, oder? Kreuze die richtigen Antworten an und trage die Buchstaben in die Kästchen auf Seite 47 ein. Dann erfährst du das Lösungswort.

1. Welchem Tier blickt Regenbogen in die Augen?

P   Einem Luchs

S   Einem Puma

2. Mit welchem Pferd reitet Yakari in die Berge?

C   Mit Blitz

D   Mit Großer Grauer

3. Von wem stammt der große Schatten?

| A | Von dem Indianer Großer Bogen |

| E | Von dem Vielfraß |

4. Was für ein Tier ist der Schutzgeist von Regenbogen?

| S | Ein Hamster |

| T | Ein Hase |

5. Welches Tier greift Yakari an?

| E | Ein Vielfraß |

| O | Ein Bär |

6. Wo sind Yakari und Regenbogen in Sicherheit?

| M | Auf einem Baum |

| N | Auf einem Felsen |

Lösungswort:

SCHATTEN

Ob deine Lösung richtig ist, kannst du auf Seite 93 nachsehen.

DER FELSEN DES KONDORS

Es ist ein warmer Sommertag.

Die  scheint und am Himmel

ist keine zu sehen.

Genau das richtige Wetter,

um trockene zu sammeln!

hat schon ganz viele.

Der Hund  schnappt sich einen .

„Können wir jetzt spielen?"

Er wedelt mit dem .

„Ich muss erst noch

und  helfen", meint .

„Sie haben wenige  gesammelt.

Aber für das  im

brauchen wir viel Holz."

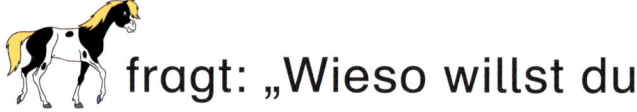 fragt: „Wieso willst du

den beiden helfen?

 liegt nur herum

und  spielt mit einem ."

„Du hast recht", antwortet .

„Also los, , ein Wettrennen!"

 springt auf .

Und schon geht es los.

Die Freunde spielen,

bis die hoch am Himmel steht.

„Lasst uns heimkehren!", sagt .

Auf dem Weg ins

möchte  seine mitnehmen.

Aber die sind überall verstreut!

„Was ist denn nur

mit meinen  passiert?", ruft  .

„Und wo sind  und  ?"

Die Freunde machen sich auf die Suche.

Bald findet

einen von  .

 entdeckt die  von  .

„Seht nur!", wiehert das Pony.

„Hier ist das   platt getreten."

„Folgen wir den !", schlägt  vor.

, und

laufen durch die  .

Die  führen zu einer tiefen .

53

Auf dem steinigen Boden

verlieren sich die .

 sieht sich um.

Links und rechts sind riesige .

„Wie sollen wir hier nur  und

finden?", überlegt .

Auf einem  sitzt ein  .

„Soll ich euch zu euren Freunden führen?",

fragt der  .

„Sie sind tief in dieses

 aus  gelaufen."

 sagt: „Ja, bitte zeige uns den  ."

Der  breitet seine  aus

und fliegt vor ihnen her.

, und folgen dem .

Kreuz und quer laufen sie

durch das  aus  .

Plötzlich ertönt lautes Gebrüll.

„Was war das?", fragt  erschrocken.

 schüttelt sich.

„Ich will es gar nicht wissen!"

Da entdeckt

den zweiten von  .

Er hebt ihn auf.

„Wir sind auf der richtigen Spur",

stellt  fest.

Endlich finden sie  und  !

„Wir haben uns verlaufen", berichtet .

„Daran ist nur der  schuld.

Er hat mit seinem

ständig nach meiner gepickt.

Ich habe meinen

nach ihm geworfen.

Da wurde der  sehr wütend."

 erzählt weiter:

„Der  hat uns angegriffen!

Wir mussten  nach ihm werfen,

um uns zu verteidigen.

Dann sind 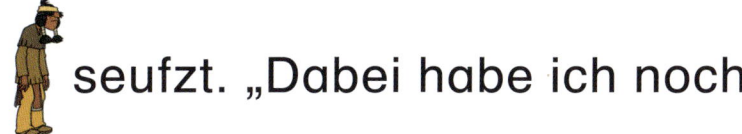 und ich weggerannt

und in dieses  geraten."

 seufzt. „Dabei habe ich noch

meinen zweiten verloren."

„Ich habe deine  gefunden",

erzählt  und gibt sie ihm.

Darüber freut sich  sehr.

„Der  kann uns jetzt den

aus dem  zeigen", sagt .

Da hören sie wieder das Gebrüll.

Gleichzeitig warnt sie der  :

„Achtung! Lauft schnell weg!"

Ein wütender

stürmt auf die Freunde zu!

Er richtet seine spitzen  auf .

„Über dir ist ein ", ruft der  .

In letzter Sekunde

schwingt sich  auf den .

Der  prallt gegen die Felswand.

Er bleibt bewusstlos liegen.

„Danke, ", sagt .

„Aber gerne!", erwidert der .

 beugt sich über den

und streichelt sein .

Der  kommt zu sich.

„Ich will aus diesem  heraus",

stöhnt der . „Ich habe mich verirrt.

Das macht mich so wütend."

 schlägt vor: „Komm mit uns!

Der  zeigt uns den ."

Der  rappelt sich auf.

 schwingt sich auf seinen .

Alle folgen dem ,

der sie aus dem  führt.

Draußen verabschieden sich die Freunde

von dem  und dem .

Nun reitet  wieder auf .

 läuft voraus,

 und   folgen ihnen.

Unterwegs bücken sie sich

nach trockenen  .

„Reite ruhig heim,  ", sagt   .

„ und ich sammeln Brennholz."

lacht. „Da will ich hoffen,

dass euch kein mehr begegnet!"

GLOSSAR
DER FELSEN DES KONDORS

 = Sonne

 = Wolke

 = Zweige

 = Yakari

 = Knickohr

 = Zweig

 = Schwanz

 = Müder Krieger

 = Fettauge

 = Lagerfeuer

 = Indianerdorf

 = Kleiner Donner

 = Kolibri

 = Mokassin

 = Tasche

 = Gras

= Spuren

 = Schnabel

 = Prärie

 = Nase

 = Schlucht

 = Mokassins

 = Felsen

 = Bison

 = Kondor

 = Hörner

 = Labyrinth

 = Ast

 = Weg

 = Fell

 = Flügel

 = Rücken

LESERÄTSEL
DER FELSEN DES KONDORS

Super, du hast es geschafft und die ganze Geschichte gelesen. Herzlichen Glückwunsch! Dann fällt es dir jetzt sicher ganz leicht, die folgenden Fragen zu der Geschichte Der Felsen des Kondors zu beantworten, oder? Kreuze die richtigen Antworten an und trage die Buchstaben in die Kästchen auf Seite 69 ein. Dann erfährst du das Lösungswort.

1. Wofür brauchen die Indianer trockene Zweige?

K   Um Feuer zu machen

L   Um Hütten zu bauen

2. Wer findet die Tasche von Fettauge?

E   Yakari

O   Kleiner Donner

3. Wer hat Yakaris Zweige überall verstreut?

N Müder Krieger und Fettauge

P Ein Bison

4. Vor wem sind Müder Krieger und Fettauge weggelaufen?

D Vor einem Kolibri

F Vor einem Kondor

5. Weshalb ist der Bison wütend?

A Weil er keine Indianer mag

O Weil er sich verlaufen hat

6. Auf wem reitet Yakari aus dem Labyrinth?

S Auf Kleiner Donner

R Auf dem Bison

Lösungswort: K O N D O R

Ob deine Lösung richtig ist, kannst du auf Seite 93 nachsehen.

ZWEI UNGLEICHE BRÜDER

Es ist Herbst im Land der  .

 und  reiten in den .

Sie wollen  sammeln.

Doch wo sind nur die  ?

„Hier stimmt etwas nicht", sagt  .

„Komm,  – wir schauen nach!"

Sie springen von ihren Ponys

 und  .

 und  sehen sich um.

Da huscht der Biber  vorbei.

Er versteckt sich hinter einem  .

„Nanu?", wundert sich .

„Vor wem läuft  davon?"

Da entdecken die Freunde ein .

Es merkt nicht, dass sich

ein großer  nähert.

„Achtung!", ruft  aus seinem Versteck.

Im gleichen Augenblick

springt der los.

Das  rollt sich zur Seite.

Der verschwindet zwischen den .

„Was für ein  war das?",

fragt  verwundert.

Die Freunde fragen .

„Hier im 🌲 gibt es

ein neues 🐺", antwortet .

Der Rabe 🐦 flattert herbei.

„Das 🐺 ist so schnell, dass wir es

nie richtig sehen können", berichtet .

Und das 🦡 meint:

„Das 🐺 hat sogar schon

mehrere 🐿 gleichzeitig angegriffen."

„Bitte hilf uns, 🧑!", bittet 🦫.

 und

machen sich auf die Suche.

Bald entdecken sie .

Es sind zwei verschiedene Abdrücke.

„Das verstehe ich nicht", meint .

Plötzlich ertönt ein lautes Fauchen.

Ein großes

springt durch den .

„Schnell hinterher!", ruft .

Er schwingt sich auf .

folgt ihm mit .

Doch das  ist schon

zwischen den  verschwunden.

„Das war eine Wildkatze", erklärt .

Aber  schüttelt den .

Sie hebt einen  auf.

„Eine Wildkatze zerbricht aber

den  nicht so."

Am Abend kehren  und

ins  zurück.

Dort erzählen sie

von dem  im .

„Das erinnert mich an die Legende

von den zwei Brüdern", sagt  .

„Vor langer Zeit gingen der

und der  zusammen zur Jagd."

„Aber ein  und ein

jagen nie zusammen", meint .

„Das stimmt", erwidert .

„Beide sind sehr gute Jäger.

Deshalb hat der Große Geist entschieden,

dass  und

getrennt leben müssen."

Am nächsten Tag reiten  und

wieder in den .

Dort treffen sie .

„Wir haben die  gesehen", ruft er.

„Es sind zwei –

ein  und ein ."

„Also hatte  recht", meint .

„Pass mal auf,  !

Ich möchte mit dem

und dem  sprechen.

Aber dafür brauche ich deine Hilfe!"

Also klettert

auf einen hohen  .

 soll nämlich

die beiden  anlocken!

 und  verstecken sich

hinter einigen  .

Sie müssen nicht lange warten:

Bald tauchen die  auf –

ein  und ein  !

Sie wollen sich auf  stürzen.

Doch  läuft schnell in eine .

Von dort fließt ein  ins Freie.

 schwimmt davon.

 ist dem  und dem

in die gefolgt.

„Ich möchte mit euch sprechen", ruft .

„Wie kommt es, dass ihr gemeinsam jagt?"

„Wir sind zusammen aufgewachsen

wie zwei Brüder", erklärt der .

Der  sagt: „Deshalb wollen wir

im gleichen  jagen."

„Aber ihr seid zu gute Jäger", meint .

„Es ist gegen die Natur, wenn sich

zwei  wie ihr ein Revier teilen."

„Wir merken ja, dass die Beute

nicht reicht", seufzt der  .

„ hat recht. Jeder von uns muss

in einem eigenen Revier jagen."

Kurz darauf verabschieden sich

der  und der voneinander.

„Ich jage jetzt nur noch

in der ", erklärt der .

„Und mein Revier ist der ",

erwidert der .

„Nun sehen wir uns nicht mehr so oft.

Gute Reise, mein Bruder!"

 und  atmen auf.

Nun können sie endlich  sammeln!

Und auch die  im  sind froh.

„Danke,  !", sagen  und das  .

„Jetzt haben wir wieder unsere Ruhe."

GLOSSAR
ZWEI UNGLEICHE BRÜDER

 = Indianer

 = Yakari

 = Regenbogen

 = Wald

 = Beeren

 = Tiere

 = Kleiner Donner

 = Großer Grauer

 = Lindenbaum

 = Busch

 = Stachelschwein

 = Schatten

 = Bäume

 = Raubtier

 = Krick-Krack

 = Spuren

= Kopf

 = Knochen

 = Indianerdorf

 = Der-der-alles-weiß

 = Luchs

 = Kojote

 = Schimmernde Zöpfe

 = Raubtiere

 = Felsen

 = Büsche

 = Höhle

 = Fluss

 = Schlucht

LESERÄTSEL
ZWEI UNGLEICHE BRÜDER

Super, du hast es geschafft und die ganze Geschichte gelesen. Herzlichen Glückwunsch! Dann fällt es dir jetzt sicher ganz leicht, die folgenden Fragen zu der Geschichte Zwei ungleiche Brüder zu beantworten, oder? Kreuze die richtigen Antworten an und trage die Buchstaben in die Kästchen auf Seite 91 ein. Dann erfährst du das Lösungswort.

1. Wie schützt sich das Stachelschwein?

P   Es greift mit seinen Stacheln an.

R   Es rollt sich zur Seite.

2. Weshalb sollen ein Luchs und ein Kojote nicht zusammen jagen?

A   Weil sie zu gute Jäger sind

E   Weil sie zu langsam sind

3. Wer lockt die Raubtiere in die Höhle?

B   Lindenbaum

D   Krick-Krack

4. Wie entkommt Lindenbaum den Raubtieren?

S   Er klettert auf einen Baum.

T   Er schwimmt davon.

5. Wie sind der Luchs und der Kojote aufgewachsen?

E   Wie Feinde

I   Wie Brüder

6. Was sammeln Yakari und Regenbogen?

R   Beeren

T   Pilze

Lösungswort: R A U B T I E R

Ob deine Lösung richtig ist, kannst du auf Seite 93 nachsehen.

LESEFANS, AUFGEPASST!

Yakari:
Geschichten zum
Lesenlernen

ISBN 978-3-86318-133-8

Yakari:
Kurze Geschichten
für Erstleser

ISBN 978-3-86318-179-6

Yakari:
Indianergeschichten
für Erstleser

ISBN 978-3-86318-338-7

Yakari:
Geschichten
für Erstleser

ISBN 978-3-86318-327-1

Die Schlümpfe:
Geschichten zum
Lesenlernen

ISBN 978-3-86318-193-2

Die Schlümpfe:
Schlumpfige Geschichten
für Erstleser

ISBN 978-3-86318-132-1

Abenteuer Tiere:
Die besten Tiergeschichten
für Erstleser

ISBN 978-3-86318-217-5

Der kleine Prinz:
Geschichten
für Erstleser

ISBN 978-3-86318-247-2

Der kleine Prinz:
Eine spannende
Planetenreise

ISBN 978-3-944107-03-5

Löwenzahn:
Fritz und Keks
im Rausch der Lüfte

ISBN 978-3-944107-04-2

Lösungswörter:
Seite 27: Frühjahr; Seite 47: Schatten;
Seite 69: Kondor; Seite 91: Raubtier